Para

De

Conheça outros títulos da coleção

Muito obrigado! Com carinho Casamento Vai, garota!

Publicado pela primeira vez em 2008 na Grã-Bretanha s por Helen Exley Giftbooks, com o título *Poor Mum!*.

Agradecimentos: Os editores agradecem pela permissão de reproduzir material com copyright. Embora tenha havido o máximo de empenho para contatar os detentores do copyright, gostaríamos de ter notícias dos que não estiverem aqui mencionados. PETER CAREY: THEFT de Peter Carey, publicado pela Faber & Faber Ltd. Reproduzido com permissão da Faber & Faber Ltd. e Rogers, Coleridge and White Ltd., 20 Powis Mews, London Will JN. GERALD DURRELL: MY FAMILY AND OTHER ANIMALS de Gerald Duixell, publicado pela Puffin Books. Reproduzido com permissão do Curtis Brown Group Ltda, London em nome de Gerald Durrell. Copyright © Gerald Durrell 1956. OBSERVAÇÃO IMPORTANTE SOBRE COPYRIGHT: PAM BROWN, PAMELA DUGDALE, MARION C. GARRETTY, AMANDA GIBSON, PETER GRAY, CHRISTINE HARRIS, STUART E LINDA MACFARLANE, BRIAN MCLEAN e HELEN THOMSON pertencem a © Helen Exley Creative Ltd 2008.

Brian McLean e Amanda Gibson são pseudônimos de Stuart e Linda Macfarlane.

Para Hannah, a melhor mãe novata do mundo, do Papai

1ª edição 2016

ISBN: 978-1-78485-023-4

Publicado e distribuído com exclusividade por Brasil Franchising
CNPJ 07.923.034/0001-05 • Av. Sagitário, 138 • 25° andar • Alpha Square Mall
Torre London • Alphaville • Barueri/SP • CEP 06473-073
Tel (11) 3706-1466 • sac@helenexleylondon.com.br

Tradução de Lara Freitas

Helen Exley Giftbooks, 16 Chalk Hill,
Watford, Herts WD19 4BG, Reino Unido.
www.helenexleygiftbooks.com / www.helenexleylondon.com.br

Impresso na China / *Printed in China*

HELEN EXLEY® LONDON

Pobre mamãe!

UM LIVRO DE AMOR & AGRADECIMENTOS

Rowan Barnes-Murphy

Minha mãe é
uma senhora que teve
muitos problemas em
sua vida. A maioria deles
causados por mim...

Diana Briscoe

Às vezes ela finge não me ver
quando eu me comporto muito mal.

CAMILLE FRASER, 8 ANOS

Se eu provoco meu irmão, ela me manda
dormir sem nem jantar.
Eu sempre penso em não fazer isso outra
vez, mas sempre acabo fazendo.

MORAG, 8 ANOS

Minha mãe é muito paciente.
Ela tinha mesmo de ser
com cinco filhos,
quatro cachorros
e dois empregos.

Pam Repeg, 12 anos

Mamãe define a lógica do tempo,
ela quebra as regras do tempo
e do espaço, pois ela consegue
estar onde é necessária,
sempre que é preciso.

STUART & LINDA MACFARLANE

O que Toda Mãe Merece

Um grande buquê
de flores.

Roupas de grife.

Diamantes, safiras e
outras pedras preciosas.

Viver no jardim do Éden.

O melhor filho do mundo.

O que Ela Realmente Ganha

Um dente-de-leão
murcho.

Uma pilha diária
de roupas sujas para lavar.

Um jardim
para tirar ervas
daninhas e cultivar
flores.

Pedrinhas da praia.

Eu – bom, pelo menos umas
das cinco coisas não é tão
ruim.

STUART & LINDA
MACFARLANE

ZZZZ
ZZZZZZZ

O INSTINTO DO AMOR

Mães tomam conta de tosses repentinas à meia-noite, sangue escorrendo do nariz, pesadelos e os efeitos após comer muitas frutas verdes, sem nem mesmo precisarmos acordar.

PAM BROWN (1928–)

Mães têm uma habilidade única de lidar com as coisas quando elas dão errado para seus filhos como, por exemplo, quando não passam nas provas ou caem da bicicleta. Nestas ocasiões, um milhão de preocupações passam pela cabeça delas, mil possibilidades – contudo, enquanto tudo isso acontece, ela sorri tranquilamente e diz calmamente, "não se preocupe - tudo vai ficar bem".

BRIAN MCLEAN

Um médico pode curar,
uma enfermeira pode fazer
um curativo,
mas somente uma mãe
pode dar um
beijinho para
sarar.

STUART & LINDA
MACFARLANE

Mãe é uma mulher com
um dia de vinte e cinco
horas que ainda consegue
encontrar uma hora para
brincar com sua família.

Iris Peck

Coração de manteiga

Ela finge ser brava, mas sempre
me mima muito.

HELEN THOMSON

Uma mãe nunca fala bobagens.
Bem – não muitas.

PAM BROWN (1928–)

Dia das Mães, 4h da manhã

Mãe é uma mulher que fica surpresa e feliz quando seus filhos trazem o café da manhã às quatro da madrugada no Dia das Mães.

PAM BROWN (1928–)

O Dia das Mães é o único dia do ano que ela não deveria ter de fazer o trabalho de casa, lavar e passar roupas ou lavar a louça. Nesta ocasião muito especial todas estas tarefas deveriam ser completamente esquecidas – o único problema é que ela terá de colocar todo esse serviço em dia na manhã seguinte.

STUART & LINDA MACFARLANE

Contos

Qualquer mãe conseguiria
fazer o trabalho de diversos
controladores de tráfego
aéreo com facilidade.

LISA ALTHER (1944–)

Todas as mães são
fisicamente deficientes.
Elas só têm duas mãos.

AUTOR DESCONHECIDO

Desde os tempos mais remotos
as mães têm conseguido fazer
ao menos seis coisas
ao mesmo tempo.

PAM BROWN (1928–)

A lei da maternidade
diz que alguém
precisará desesperadamente
da mamãe
assim que ela se sentar.

Maureen Valentine,
do "Highline News" Seattle

Por que em todas
as famílias se grita:
"Mããããe, o gato
está doente!"

PAM BROWN (1928-)

Todos querem salvar o mundo.
Ninguém quer ajudar
a mãe a secar a louça.

P. J. O'ROURKE

Está na Bíblia que no domingo não devemos trabalhar, nem nossos filhos, nem nossas filhas, nem nossos empregados, nem nossas empregadas, nem nosso gado, nem os desconhecidos que estiverem dentro de nossas propriedades. Pobre mamãe!

PETER CAREY, DE "THEFT: A LOVE STORY"

FATOS: Todos os dias uma mulher fará doze vezes mais trabalhos de casa do que o marido dela, e trinta vezes mais do que seus filhos.
Mas quem está contando?

STUART & LINDA MACFARLANE

Há testes supremos de resistência.
Escalar o Everest.
Atravessar do deserto de Gobi.
Dar a volta ao mundo
navegando sozinho.
Ser mãe.

PAM BROWN (1928–)

Uma hora com uma criança é como uma
maratona de dezesseis quilômetros.

JOAN BENOIT SAMUELSON,
EM "NEW YORK TIMES"

Mães são obrigadas a desenvolver
forças inimagináveis, resistir aos olhares
dos filhos, quando uma criança
normalmente tranquila corre frenética
ou joga batata frita no chão
de um restaurante ou teima muito
em se sentar no carrinho.
E grita. E grita muito.
Talvez os céus um dia nos vinguem –
e dê a eles seis ou sete filhos
do mesmo tipo.

PAM BROWN (1928–)

MÃES FUNCIONAM À BASE DE CHÁ

Carros precisam de gasolina –
mães precisam de chá.

STUART & LINDA MACFARLANE

PREOCUPAÇÃO! PREOCUPAÇÃO! PREOCUPAÇÃO!

Querida mãe: Estou bem.
Pare de se preocupar comigo.

CARTA EGÍPCIA ESCRITA EM PAPIRO

As mães se sentam para estudar a cada prova, brincam de todos os jogos, desempenham todas as funções, e acabam mais cansadas que os próprios filhos.

PAM BROWN (1928–)

As mães encaram emergências muito bem. Elas já ensaiaram cada uma delas antes que acontecessem.

PAMELA DUGDALE

Eu costumava ser uma pessoa bem descuidada e aventureira antes de ter filhos: hoje, sou morbidamente obcecada por cintos de segurança e constantemente preocupada que um avião que voe muito baixo possa cair sobre a escola dos meus filhos.

MARGARET DRABBLE (1939–)

Bebês!

Não é aconselhável espiar pela porta do quarto do seu filho para ver se ele está dormindo. Não era aconselhável.

FAITH HINES

As mulheres conseguem ouvir frequências mais altas do que os homens. Isto significa que é muito mais fácil para elas ouvirem o som de um bebê chorando.

STUART & LINDA MACFARLANE

Um bebê começa a ficar enjoado exatamente quando ligamos o motor do carro, quando abotoamos o último botão do melhor vestido branco, quando recebemos um amigo refinado – ou simplesmente quando embarcamos em um avião.

PAM BROWN (1928–)

Se um bebê vai causar algum constrangimento, isso acontecerá no momento mais embaraçoso possível.

PETER GRAY

Mães novatas e obcecadas

Bem antes de aprender a falar,
um bebê aprende que seu encanto
já funciona.

PAM BROWN (1928–)

Queridas mães, olhando com amor
para os bebês em seus braços.
Não vamos lembrá-las por enquanto
que esse estas criaturinhas sorridentes
um dia serão adolescentes.

PAMELA DUGDALE

Uma bebezinha bem pequenina é uma conta
telefônica gigante esperando no futuro.

STUART & LINDA MACFARLANE

[A maternidade é]
ligar para o médico porque seu
filho está com 40 graus de febre,
e quando o médico chega,
a criança está sentada e sorrindo;
e é não ligar para o médico
com medo que ele fique
irritado enquanto o apêndice
da criança estoura.

KATHARINE WHITEHORN (1928–),
DE "ONLY ON SUNDAYS"

Uma mãe
sempre ama seus filhos
mesmo tendo de lavar
as meias fedidas
dos meninos.

Sally Arthy

Eu acho que a melhor coisa que ela já fez foi ter me gerado, mas outras pessoas podem não concordar.

TIM TRIPP, 12 ANOS

Eu não trocaria minha mãe pelo mundo –
uma bicicleta nova talvez –
mas não pelo mundo.

STUART & LINDA MACFARLANE

Boba!

Ela é do tipo de pessoa que grita quando você faz algo ruim e grita ainda mais alto quando você faz algo bom.

ROBIN DIBIASE, 14 ANOS

Mãe é um pai mulher. É alguém que arruma as camas e lava a louça. É alguém que acorda e faz você dormir muito cedo, e é alguém que fiscaliza sempre se você tem praticado piano.

SUSAN, 11 ANOS

Mães são abutres que pairam sobre você, dizendo que você tem de tirar a neve da porta ou arrumar sua cama. Elas criticam você, dão sermões sobre a vida e, em especial, sobre como arrumar sua cama.

PETER, 12 ANOS

Mãe é alguém
que sempre pede
para você fazer algo
no momento em que
você está pronto para fazer outra coisa.

Genevieve, 12 anos

Há uma parte
em cada homem
que se ressente
pela mulher mandona
que um dia o obrigou
a comer todo o espinafre
e lavar atrás das orelhas.

KATHARINE WHITEHORN (1928–)

As mães são boazinhas, exceto quando elas encontram chiclete grudado debaixo do tapete.

Michelle, 10 anos

Ela às vezes fica brava, e uma vez ela ficou tão brava que nos fez fazer nosso próprio café da manhã.

MARK, 9 ANOS

Às vezes eu acho que elas são mandonas e mal-humoradas, mas quando eu paro para pensar percebo como é difícil ser mãe. Elas têm de fazer o café da manhã, lavar a louça, ir às compras, preparar o jantar, lavar a louça de novo, pôr os pés pra cima um pouco, pegar as crianças na escola. Aí eu entendo por que elas mandam a gente tomar banho ou pegar nosso próprio chá. Começo, então, a me perguntar por que elas se tornaram mães.

ALAN, 15 ANOS

As mães são pessoas que
se preocupam muito.
quando você chega em casa
elas gritam com você.

Gary Crees, 13 anos

Mães são como vulcões prestes a entrar
em erupção e cobrir o chão de lava.
Como monstros pré-históricos.
Como carros derrapando
em uma manhã de chuva.
Quando a campainha toca,
– o telefone toca,
– o bebê chora.
Algumas mães ficam iradas,
correndo para todos os lados.
A minha, ao menos, fica assim.

PHILIP, 7 ANOS

MÃES QUE TRABALHAM

Não existe mãe que
NÃO trabalha.

HESTER MUNDIS

Minha mãe ensina gerentes
e lava minhas roupas.

BEN TIDY

Quando está no trabalho, você pensa
nas crianças que deixou em casa.
Em casa, você pensa no trabalho que não
conseguiu terminar. Este conflito corre
solto dentro de você. Seu coração é alugado.

GOLDA MEIR (1898–1978)

É muito difícil escrever
um bom romance,
uma obra definitiva,
quando você tem de controlar
seus filhos vinte e quatro horas por dia.

PAM BROWN (1928–)

Quantos filhos são necessários para trocar uma lâmpada? Nenhum – a mamãe troca.

STUART & LINDA MACFARLANE

As mulheres nunca têm
meia hora disponível
em suas vidas (exceto antes
ou depois de as pessoas da casa
acordarem) para fazer
suas próprias coisas,
sem medo de ofender
ou magoar alguém.

FLORENCE NIGHTINGALE (1820–1910)

Não importa o quão idosa uma mãe é, ela observa seus filhos já na meia-idade para saber se aprenderam algo novo.

Florida Scott Maxwell (1883-1978)

As mães têm toda a intenção
de deixá-lo ir, de deixá-lo levar sua própria
vida, não interferindo.
Mas elas não conseguem evitar telefonar
para saber se você ainda tem meias
suficientes. E saber se você
está comendo direito.

PAM BROWN (1928–)

Eu, particularmente, culpo Rousseau.
"O homem nasce livre", ele disse.
O homem não nasce livre, ele nasce
preso à mãe por um cordão
e não consegue se cuidar sozinho,
no mínimo até os sete anos de idade
(setenta, em alguns casos).

KATHARINE WHITEHORN (1928–)

Ah, eu queria ser apenas metade de tudo de maravilhoso que meus filhos achavam que eu era quando eles eram pequenos. E apenas metade da burra que meus filhos adolescentes acham que eu sou.

REBECCA RICHARDS

Acredito que seja uma das obrigações de mãe envergonhar seus filhos.

CHER (1946–)

Sabe-se que alguém já fez
o seu trabalho como pai quando
seu filho rejeita tudo
o que você diz a ele.

GLENDA JACKSON (1936–)

SEMPRE OUTRO BELO MONSTRINHO...

No momento
em que seus filhos
mais novos aprendem
a manter a casa
arrumada, chegam
os primeiros netos
prontos para destruir tudo.

CHRISTOPHER MORLEY (1890–1957)

Uma mancha de comida para bebê
em seu vestido, um punhado
de mistura para bolo no seu cabelo...
Estas são as condecorações concedidas
a todas as adoráveis mães.
Ostente as suas com orgulho.

CHRISTINE HARRIS

O CORAÇÃO DA FAMÍLIA

Como um Noé gentil, empolgado e compreensivo, ela conduziu uma arca cheia com sua curiosa prole pelos mares tempestuosos da vida com grande habilidade, sempre cercada pela possibilidade de um motim, sempre rodeada por perigosos bancos de areia de cheques especiais e extravagâncias, incerta se sua navegação seria aprovada pela tripulação...

GERALD DURRELL (1925–1995),
EM "MINHA FAMÍLIA E OUTROS ANIMAIS"

O grito de guerra da mamãe rápida e eficazmente reúne todos os seus soldadinhos que correm vindos de todos os lados "É hora de jantar".

STUART & LINDA MACFARLANE

OBRIGADO POR SER MINHA MÃE...

Ser mãe –
o trabalho mais difícil
do universo,
o trabalho mais pesado
do universo,
o trabalho mais ingrato
do universo,
mas também o melhor
e mais maravilhoso
trabalho do universo.

STUART & LINDA MACFARLANE

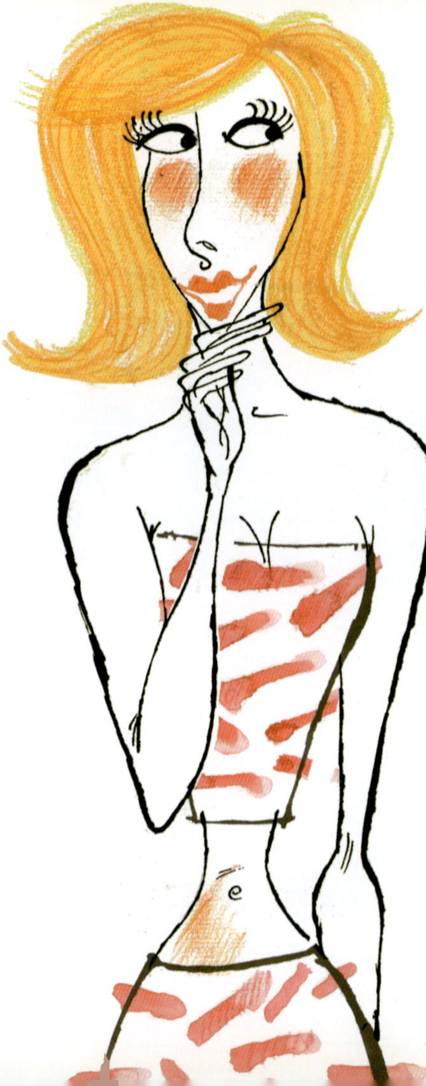

Mãe:
Quarenta por cento
intuição,
cinquenta por cento
trabalho duro
e cento e dez por cento
de amor.

AMANDA GIBSON

OBRIGADO!

Eu nunca imaginei que as mães se importavam com objetos até que eu deixei cair o seu bule com tampa de rosas e você começou a chorar. Você disse que as pessoas eram mais importante do que bules. Mas eu acho que, naquele momento, os bules não eram menos importantes. Espere até eu ficar rico. Comprarei para você um bule dourado.

PAM BROWN (1928–)

Helen Exley

Helen Exley é muito conhecida por suas coleções de citações e seus giftbooks que vendem mais de cinco milhões de cópias por ano. Seus livros falam sobre família, amigos e amor, além de livros inspiradores sobre sabedoria, paz interior e valores. "Já criei dezenas de livros sobre mães e filhas. Na verdade, o trabalho da editora tem se baseado nesse relacionamento central entre mães e filhas – ampliando para a família inteira. Sendo tanto mãe quanto filha, eu me identifico com *Pobre Mamãe* – ri e chorei muitas vezes enquanto o livro estava em produção. E senti também uma avalanche de culpa por não agradecer o bastante minha própria mãe tão especial pelas terríveis preocupações que causei. Por isso, nunca esqueça de sempre agradecer de centenas de maneiras diferentes e de totalmente perdoar quando for a sua vez..."

Rowan Barnes-Murphy

Os desenhos de Rowan Barnes-Murphy são mordazes, contundentes e sarcásticos. Seus cartuns fantásticos e muito bem observados são bastante populares, presentes em diversos veículos da mídia impressa e anúncios publicitários.

Para ver a lista completa de títulos, visite os sites:
www.helenexleygiftbooks.com
www.helenexleylondon.com.br

Helen Exley Giftbooks
16 Chalk Hill, Watford, WD19 4BG, Reino Unido
www.helenexleygiftbooks.com
www.helenexleylondon.com.br